FUSSBALLFAHRTEN
4
Europameisterschaft
2016

© Joachim Hesse 2016

Reisebericht aus Lyon

Der Autor:

Joachim Hesse, geboren 1979 in Frankenberg/Eder.
Mitglied von Borussia Mönchengladbach.
Schaut sich gerne Stadien an und anderen beim Fußballspielen zu.

Bisher erschienen:
KLEINSTADTKRACH
Bandbiografie mit Dennis Dippel (2008)
FUSSBALLFAHRTEN
Reise- und Fußballbuch (2009)
FUSSBALLFAHRTEN 2
Bericht von der WM in Südafrika (2011)
FUSSBALLFAHRTEN 3
Berichte aus dem Osten (2014)
FRANKENBERGER WEIHNACHTSGESCHICHTEN
Kurzgeschichten mit Tanja Schwarz (2015)

Sowie verschiedene Kurz-Krimis in der Reihe „Lahn-Leichen"

Johesse@gmx.de

Herstellung und Verlag:

BoD – Books on Demand, Norderstedt

ISBN 9-783-741-252-051

Wurst und Fußball

Von der Kreisliga bis zur Champions League ist die Wurst untrennbar mit dem Fußball verbunden. Für Sebastian und mich hat sie eine besondere Bedeutung auf unseren Touren. 2010, bei unserem Trip nach Südafrika, kam Sebastian auf die glorreiche Idee, eine Ahle Worscht aus der Heimat zu importieren. Da viele Länder befürchten, dass durch Fleischmitbringsel ganze Epidemien ausgelöst werden, fahren die Schnüffelhunde an den Flughäfen zweigleisig. Auf der einen Seite schlagen sie an, sobald ihre feinen Nasen Drogen wittern, auf der anderen Seite sind sie auf Wurst abgerichtet - was ihnen sicherlich nicht sonderlich schwerfallen dürfte.
Die nordhessische Stracke (oder auch nordhessische Zigarre) sollte uns zumindest die ersten Tage begleiten. Also hatte sich Sebastian etwas einfallen lassen, um sie an den Kötern am Zoll vorbeischmuggeln zu können. Die Wurst wurde in Alufolie und dann in eine Kaffeekanne eingepackt, so hatten die Hunde keine Chance.
2012 in Lviv wurden wir unser umgetauschtes Geld nicht los. Da in der Ukraine, aus deutscher Sicht, alles sehr günstig war. Der halbe Liter Bier im Stadion kostete nur 1,50 EUR. So standen wir kurz auf dem Weg zum Bahnhof vor der Frage: Was machen wir mit dem restlichen Geld? Wir kamen an einer Metzgerei vorbei und ließen uns gönnerhaft die besten Würste einpacken. Rote Wurst, einer Salami

oder unserer Stracken nicht unähnlich, jedoch etwas pikanter gewürzt.
Nun also Lyon. Bevor ich hier etwas Falsches schreibe, habe ich sicherheitshalber meine Freunde von Wikipedia befragt. Aus der Stadt stammt tatsächlich das Rezept für die berühmte Fleischwurst, wobei ich zugeben muss, mit dem Begriff Mortadella aufgewachsen zu sein – wenn es sich um den entsprechenden Aufschnitt handelte. Diese stammt allerdings aus Italien. Wobei die Lyoner in Frankreich Cervelas genannt wird. Richtig, das klingt sehr stark nach Cervelat-Wurst. Diese ist unserer Ahlen Worscht farblich schon etwas ähnlicher, aber ich will hier nicht zu sehr abschweifen bzw. Vegetarier vergraulen.

Die ersten Schritte im Herbst 2014

An einem Abend im Herbst 2014 maile ich lange mit Sebastian, um unsere Pläne für die Fahrt zur EM in Frankreich voranzubringen. Zunächst beschäftigen wir uns mit den Austragungsorten. Mehrere Spiele, verschiedene Stadien, gute Erreichbarkeit mit dem Zug – so lauten unsere drei Vorgaben.
Außer Metz und Calais habe ich vor der EM noch nichts von Frankreich gesehen, daher muss ich mich erstmal detaillierter mit der geografischen Lage der einzelnen Austragungsorte beschäftigen. Lens und Lille im Norden erscheinen uns recht praktisch, beide Städte liegen sehr dicht beieinander, dort sollen

insgesamt zehn Partien des Turniers stattfinden. Ähnliches gilt für St.-Étienne und Lyon im „mittleren" Osten mit ebenfalls zehn Spielen. In Paris und dem vor den Toren der Stadt gelegenen Saint-Denis sind sogar zwölf Begegnungen vorgesehen.
Lens und Lille sind schnell aus dem Rennen. Sebastian hat 1998 sein erstes WM-Spiel gesehen und war damals in Lens, als es rund um das 2:2 gegen Jugoslawien zu den Ausschreitungen deutscher Hooligans kam. Die Bilder des verletzten Polizisten Daniel Nivel haben sich in mein Gedächtnis eingebrannt. Beide Städte scheinen nicht optimal mit dem Zug erreichbar.
Paris bietet uns eine große Auswahl an Spielen und möglichen Reisezeiträumen. Sebastian war schon mehrfach in der französischen Hauptstadt. Für mich wäre es nicht so spannend wegen der EM nach Paris zu fahren, für eine Reise dorthin würde es sicher noch andere Gründe geben. Lyon und St.-Étienne sind ganz bestimmt interessante Städte. Aber Hand aufs Herz, wem fallen spontan Sehenswürdigkeiten aus der Kategorie Eiffelturm, Louvre oder Arc de Triomphe ein? Also, bitte. Ich muss zu meiner Schande gestehen, dass meine ersten Gedanken sich um die bereits erwähnte Wurst und Olympique Lyon drehen. Es gilt erneut, nicht die ausgetrampelten Pfade zu erkunden und den Horizont ein wenig zu erweitern, da erscheint Lyon genau die richtig Wahl. Sebastian erwähnt, dass er jemanden in Lyon kenne. Natürlich werden erste Ideen wegen einer günstigen Übernachtungsmöglichkeit gesponnen, wir

entscheiden uns aber später für eine andere Variante. Noch haben wir keine Karten, doch erfahrungsgemäß wird auch dieses Mal „unsere" Ticket-Los-Phase kommen.
Nach diesem Abend und den nun konkreter werdenden Plänen zur EM poste ich voller Vorfreude das Foto einer Lyoner Wurst auf Facebook, mit dem kryptischen Hinweis, dass Sebastian und ich damit unseren Abend verbracht haben. Das Bild wurde wenig geliked, wer soll mit diesem Mist schon etwas anfangen können?

Vier bis fünf Nächte

Wegen Beruf und Familie entscheiden wir uns für eine Reisedauer von unter einer Woche. Die Pläne werden geduldet, dem chronischen Reisefieber wird stattgegeben. Vier bis fünf Nächte sollen es sein. Über Weihnachten 2015 weilt Sebastian in Frankenberg. Eine kurze Nacht in einer Altstadtkneipe wird genutzt, um anhand des Spielplans festzulegen, für welche Begegnungen wir uns bewerben werden. Deutschland würde in der Vorrunde weder in Lyon noch in St.-Étienne spielen, doch dies ist nicht weiter tragisch. Um mit mehrheitlich Deutschen ins Stadion zu gehen, brauche ich nicht nach Frankreich zu fahren. Die Sprechchöre eines Teils der Fans klingen schon in meinen Ohren, sicher wird man wieder den Klassiker „Wir sind wieder einmarschiert" zum Besten geben.

Ohne uns. Dass es uns kalt lässt, wenn die deutsche Nationalmannschaft spielt, wäre gelogen. Wir verfolgen die Spiele sehr intensiv, können uns aber wenig mit dem Gedanken anfreunden, dass die Elf zu einer aalglatten Dauerwerbesendung für Adidas, Mercedes und Bitburger verkommen ist.

Am Ende unserer Tagung steht fest, dass wir unseren Hut für die Kracher Rumänien – Albanien (schon fast ein Nachbarschaftsderby) am 19. Juni in Lyon, Slowakei – England (Sympathien für den Außenseiter) am 20. Juni in Saint-Étienne und Ungarn – Portugal (was hatten wir 2012 einen Spaß beim knappen 3:2 der Portugiesen gegen Dänemark, Cristiano Ronaldo war weniger angetan…) am 22. Juni in Lyon in den Ring werfen werden.

„Ihr Antrag war teilweise erfolgreich"

Am 26.12. stelle ich unseren Ticketantrag auf der Homepage der UEFA.
Rumänien – Albanien: Beste Kategorie für 105,- EUR je Ticket.
Slowakei – England, je 80,- EUR (zweite Kategorie, sichtbehindert).
Ungarn – Portugal zu 145,- EUR in der zweiten Kategorie.
Dies sind die günstigsten verfügbaren Karten für unsere Wunschspiele in dieser Phase. Hinzu kommt eine Versandpauschale von 15,- EUR. Ganz schön bescheuert, wenn ich näher darüber nachdenke.

Meine teuerste Fußballkarte bis dahin, Halbfinale WM 2006 Deutschland – Italien, hat „nur" 90,- EUR gekostet... Warten wir ab, ob wir überhaupt erfolgreich sind mit unserem Antrag, im Februar werden wir mehr erfahren.

Am 10.2.2016 erhalte ich per Mail den Hinweis der UEFA, dass, sofern meine Anfrage erfolgreich sein sollte, in den nächsten Tagen abgebucht werde. Bei Nichtdeckung des Kontos sei der Antrag hinfällig. Es scheint sich um eine Standardmail zu handeln. Noch wissen wir nicht, ob wir unsere Urlaubspläne wie erhofft umsetzen können.

Etwas mehr als zwei Wochen später, am 26.2., erhalte ich die ersehnte Benachrichtigung: „Ihr Antrag war teilweise erfolgreich". Mist, nur teilweise. Siegessicher waren wir davon ausgegangen, dass wir Karten für alle drei Spiele erhalten, wer außer uns wollte sich diese Begegnungen antun? Und dazu noch bei diesen Preisen. Erstmalig findet die EM mit 24 Mannschaften statt, also beschloss der Veranstalter, dass die Tickets in Vorrunde und Achtelfinale dasselbe Preisniveau haben.

Wir erhielten den Zuschlag für Rumänien – Albanien (daran hatten wir am wenigsten gezweifelt) und Ungarn – Portugal. Leider gingen wir bei Slowakei – England in Saint-Étienne, dem mittleren Spiel, leer aus.

Damit stand der Zeitpunkt unserer Reise im Groben fest und wir konnten uns dem nächsten Schritt, den Zugtickets, widmen. Diesen Part würde, wie bereits

vier Jahre zuvor, Sebastian persönlich bei der Bahn übernehmen.
Ende März wurde meine Kreditkarte mit 515,- EUR belastet. Am 3.5. wurde per Mail angekündigt, dass die Tickets am nächsten Vormittag zugestellt werden. Endlich, vier Monate nach der Bestellung war es so weit.

Fußball in Lyon

2016 geschah es in Deutschland zum ersten Mal: Mit dem FC Bayern wurde ein Verein vier Mal in Folge Meister. In anderen Ländern ist es durchaus üblich, dass eine Mannschaft die erste Liga über mehrere Jahre dominiert, ohne dass auch nur darüber spekuliert werden müsste, ob ein anderer Club Meister werden könnte.
In Frankreich schaffte es Olympique Lyon von 2002 bis 2008 sieben Mal in Folge Meister zu werden, Rekord. Besonders kurios ist, dass es sich beim ersten Titel dieser Serie gleichzeitig auch um die allererste Meisterschaft des Clubs handelt.

In dieser Zeit waren bei Olympique Lyon etliche namhafte Spieler aktiv:
Der ghanaische Nationalspieler **Michael Essien** spielte von 2003 bis 2005 71 Mal in der Ligue 1 für den Club, bevor er zum FC Chelsea wechselte. Die Ablösung betrug die stolze Summe von 38 Millionen Euro.

Florent Malouda lief von 2003 bis 2007 138 Mal für Lyon in der ersten Liga auf, dann wechselte der 81malige französische Nationalspieler ebenfalls zum FC Chelsea.

In jenen glorreichen Epoche war auch der Brasilianer **Edmilson** bei OL aktiv. Von 2000 bis 2004 brachte er es auf 124 Einsätze und wurde in dieser Zeit Weltmeister. Die Jahre in Lyon waren die beste Zeit seiner Karriere. Auch er ging im Anschluss zu einer der Topadressen im Fußball, dem FC Barcelona.

Mit nur 17 Jahren gab **Karim Benzema** 2005 sein Erstliga-Debüt für Lyon. Der Stürmer algerischer Abstammung, dessen Name heute untrennbar mit Real Madrid verbunden ist, trug mit seinen 43 Toren in 112 Spielen maßgeblich zum Erfolg des Vereins bei. Auch für ihn war eine hohe Ablöse fällig, als er 2009 nach Spanien wechselte, Real überwies 35 Millionen Euro.

Mahamadou Diarra war eine der Entdeckungen von Olympique. 2002 wurde er von Vitesse Arnheim verpflichtet. Der Nationalspieler Malis blieb bis 2006 im Club und wurde somit vier Mal in Folge französischer Meister. Er brachte es auf 119 Erstliga-Einsätze und hatte in Frankreich seine beste Zeit. Dann lockte auch ihn das große Geld bei Real Madrid.

Der berühmteste Fußballer der Stadt ist **Eric Abidal**, er wurde 1979 in Lyon geboren. Über die Stationen AS Monaco und OCS Lille kam er 2004 zu Olympique, dort spielte er bis 2007. Auch Abidal ging nicht zu irgendeinem Verein, der FC Barcelona war auf ihn aufmerksam geworden. Dort absolvierte er 129 Einsätze in der ersten Liga und gewann zwei Mal die Champions League.

Sebastian kauft die Fahrkarten

Wenn zwei Herren Zug fahren wollen, ein gemeinsames Ziel, aber unterschiedliche Abfahrtsorte haben, empfiehlt es sich direkt bei der Bahn und nicht online zu buchen – schließlich würden die beiden gerne nebeneinander sitzen. Soll die Reise, wie in unserem Fall, ins Ausland gehen, sind vor und hinter dem Schalter starke Nerven gefragt. Vorarbeiten zu möglichen Verbindungen mittels Bahn-Homepage sind unumgänglich. Dies hat sich bereits 2012 auf dem Weg nach Warschau gezeigt. Ich kam aus Hannover, Sebastian ist in Berlin zugestiegen.
Diesmal kommt Sebastian mit dem Zug aus Berlin, in den ich in Kassel-Wilhelmshöhe einsteige. Unser erstes Spiel in Lyon findet am 19.6., einem Sonntag, um 21 Uhr statt. Wir entscheiden uns, mit dem Nachtzug über Basel anzureisen. Sebastian steigt am Samstag um 19:49 Uhr in Berlin ein, ich in Kassel gegen 23:02 Uhr zu. Umsteigen in der Schweiz kurz vor 7 Uhr morgens, Ankunft in Lyon gegen 11 Uhr.
Am Mittwoch gucken wir unser zweites Spiel in Lyon, daher ist die Rückfahrt für den darauffolgenden Tag im Laufe des Vormittags geplant.
Über Facebook bin ich per Live-Ticker zugeschaltet, als Sebastian die Karten erwirbt.

Sebastian, Berlin, 14. April, 16:43 Uhr:
Bin am Schalter, bei der lahmarschigsten Bahntrine aller Zeiten.
Joachim, Frankenberg, 14. April, 16:44 Uhr:
Schlimmer als Warschau?
Seb, 16:44 Uhr:
Herrje... Dass das von Kassel aus ein Nachtzug ist, weißt Du, ja?
Jo, 16:45 Uhr:
Ja
Seb, 16:46 Uhr:
Sie hat schon wieder alles falsch gebucht. Oh Mann. Stehe seit 20 Minuten hier... Der Stopp in Kassel. Der hat sie wahnsinnig gemacht.
Jo, 16:48 Uhr:
Durchhalten, bin in Gedanken bei dir! Wahrscheinlich auch noch mit Berliner Schnauze ausgestattet?!
Seb, 16:48 Uhr:
Es wird gerade… Und ist sogar ein wenig billiger als ich gedacht habe.
Jo, 16:49 Uhr:
Gut Ding will Weile haben. Wo sind wir denn preislich ungefähr zu Hause? Gibt es erste Prognosen?
Seb, 16:49 Uhr:
Wir sind noch bei der Hinfahrt. Mit Liegeplatz und TGV-Platz für Dich etwa 100 Euro. Das ist ziemlich günstig.

Jo, 16:51 Uhr:
Das klingt doch gut!
Jo, 16:56 Uhr:
Wann geht's zurück? Oder braucht sie noch?
Seb, 16:56 Uhr:
23.6., wie gewünscht. Wird aber teurer. Da bezahlen wir allein für den TGV 100 Euro.
Jo, 17:03 Uhr:
Dann ist das halt so. Hauptsache der Do. steht, weil es an dem Sa. mit Anne und Jakob nach St. Peter-Ording geht.
Seb, 17:06 Uhr:
269 Euro sind es. Und ich habe am 23.6. die 12-Uhr-Rückfahrt gebucht. Dann gibt es keinen Stress.

Zentrale Lage und 1.500,- EUR Kaution

Ich habe gerne alles rechtzeitig in trockenen Tüchern. Gerne auch mal den Spatz in der Hand statt die Taube auf dem Dach. Verlasse mich gerne auf mich selbst. Der Vorschlag von Sebastian lautet jedoch: Du kümmerst dich um die Tickets, ich buche die Fahrkarten und suche uns eine günstige Übernachtungsmöglichkeit. Dennoch muss ich zugeben, dass es mich ein wenig beunruhigt, dass Sebastian völlig entspannt ist, obwohl wir anfangs der zweiten Mai-Woche noch keine Unterkunft in Lyon klargemacht haben. Auf der anderen Seite, es ist noch immer gut gegangen, siehe Bahntickets.

Knapp fünf Wochen vor der erwähnten Zugfahrt will Sebastian das örtliche Airbnb.de-Angebot durchforsten. Der Live-Ticker dazu:

Sebastian, 9. Mai, 8:51 Uhr:
Das hier finde ich sehr süß: Eine ausgebaute Gartenlaube für etwa 30 Euro pro Nase und Nacht. Laufweite Zentrum.
Joachim, 9. Mai, 8:52 Uhr:
Do it!
Seb, 8:52 Uhr:
Ich hab noch ein Bedenken: Es sind halt zehn Minuten mit der Metro ins Zentrum. Zu Fuß könnten das durchaus 30, 40 Minuten sein. Sehe auch gerade, dass es ein wenig weiter außerhalb ist
Seb, 8:54 Uhr:
(Er schickt einen Stadtplan)
Das grüne Kästchen. Wie gesagt, außer der Lage ist das alles sehr töffte.
Seb, 9:02 Uhr:
Das finde ich sehr nett. Ist auch zentral gelegen. (Link zum Alternativ-Vorschlag)
Seb, 9:03 Uhr:
Das könnte auch sehr nett sein. Zentral gelegen. (Link zum 2. Alternativ-Vorschlag)
Seb, 9:05 Uhr:
Ich schicke dir noch einmal ein paar weitere Zimmer. Du sagst dann, was dein Favorit wäre, ja?
STOPP
Das hier ist unsere Bude!

(Link zu „unserer" Bude, Great Home Lyon Centre – 30,- EUR pro Nacht und Nase)

Seb, 9:08 Uhr:
Wat meinste? Wobei das auch ganz geil ist. (Noch ein Link)

Jo, 9:12 Uhr:
Great Home Lyon Centre spricht mich sehr an. Dat mein ich.

Seb, 9:12 Uhr:
Okay, dann buche ich (…).

Jo, 9:17 Uhr:
Danke, hast du gut gemacht.

Seb, 9:29 Uhr:
Noch haben wir die Bude nicht. Der andere muss die Buch noch akzeptieren. Musste gerade noch meinen Ausweis hochladen und so. Aber sollte eigentlich klappen.

Jo, 9:50 Uhr:
Machst du Live-Ticker?

Seb, 9:51 Uhr:
Klar! Und du hast gelesen? Der will 1.500,- EUR Kaution! Aber sonst ist die Wohnung tatsächlich ziemlich gut.

Jo, 10:08 Uhr:
Das habe ich nicht gelesen. Würden wir hinbekommen! Du kannst auch parallel noch eine andere, zentrale Wohnung anfragen. Du hast eine sehr gute Vorauswahl getroffen!!!

Seb, 10:10 Uhr:
Warten wir jetzt mal ab, binnen 24 Stunden muss er zusagen. Und dann werde ich es so einrichten, dass er

zur Kautionsübergabe seinen Ausweis mitbringt und wir uns das quittieren lassen. Dann ist alles supi.
Jo, 10:11 Uhr:
So machen wir es! Wenn nicht lernt er unsere Version von French Kiss kennen.
Seb, 10:12 Uhr:
Und unsere Interpretation von einem Neuköllner Abgang ☺
Jo, 10:45 Uhr:
Dann kommen wir vielleicht in die BILD.
Seb, 17:03 Uhr:
Er hat die Reservierung bestätigt. Macht einen netten Eindruck.
Jo, 17:28 Uhr:
Das klingt gut! Will er denn wirklich 1500 Flocken haben?
Seb, 17:35 Uhr:
Schaun mer mal! Wir können auch noch bis fünf Tage vor Reisebeginn stornieren. So, ist alles bezahlt. Wir sind auf die Bude gebucht.
Jo, 20:25 Uhr:
Wie, alles?
Seb, 20:25 Uhr:
Außer die Kaution, ja.
Jo, 20:26 Uhr:
Aha. Bestens! Also, ich freue mich drauf!

Keine EM wie jede andere

Das Attentat auf die Redaktion des Satiremagazins Charlie Hebdo und der Anschlag auf einen jüdischen Supermarkt in Paris im Januar 2015. Die Detonationen während des Länderspiels Frankreich – Deutschland in unmittelbarer Nähe des Stade de France und die unzähligen weinenden Zuschauer auf dem Platz nach Ende des Spiels am 13. November. Am selben Abend die vielen Menschen, die im Rock-Club Bataclan während eines Konzerts oder in Kneipen und Restaurants sterben mussten.
Infolge dieser Ereignisse wurde durch den französischen Präsidenten François Hollande der Ausnahmezustand verhängt. Dieser wurde durch die Nationalversammlung am 19.5. um zwei weitere Monate bis Ende Juli verlängert, sodass er nun für die Fußballeuropameisterschaft und die Tour de France gilt. Der Ausnahmezustand räumt den Behörden Sonderrechte in der Terrorbekämpfung ein.
Wenige Stunden vor diesem Beschluss war ein Flugzeug der Egyptair auf dem Weg von Paris nach Kairo ins Mittelmeer gestürzt.
Sowohl der französische Inlandsgeheimdienst als auch das BKA warnen vor möglichen terroristischen Anschlägen während des Großereignisses. Um terroristische Angriffe zu verhindern, sollen während des Turniers 70.000 Polizisten eingesetzt werden. Beim Qualifikationsspiel zur WM 2010 zwischen Russland und Deutschland in Moskau waren bei 80.000 Zuschauern angeblich 8.000 Sicherheitskräfte

eingesetzt – auf ähnliche Verhältnisse werden wir uns einstellen müssen. Entsprechende Wartezeiten bei der Einlasskontrolle sind die logische Konsequenz.
All dies hat die Vorfreude auf die Europameisterschaft sehr getrübt. Ein Beweis dafür ist sicherlich, dass drei Wochen vor Turnierbeginn noch Karten für das Eröffnungsspiel erhältlich sind, bei dem der Gastgeber gegen Rumänien im Stade de France antritt. Dass auch die Spiele England – Russland, Deutschland – Ukraine und Spanien – Tschechien so kurz vor der EM noch nicht ausverkauft sind, ist ebenfalls eine deutliche Aussage.
Je näher die Abfahrt kommt desto häufiger wird die Frage gestellt „wollt ihr da wirklich hinfahren?" – fast so wie vor den Turnieren in Südafrika und der Ukraine. Aber kann man Frankreich, was den Risikofaktor betrifft, derzeit tatsächlich auf eine Stufe mit diesen Ländern stellen? Das will mir nicht so recht in den Kopf.
Auch das noch: Von den Franzosen wird behauptet, dass sie streikfreudiger seien als die Deutschen. Ihnen eilt der Ruf voraus, dass sie sich nicht alles gefallen lassen. In den Wochen vor der EM wird nun ein Großteil der Ölraffinerien bestreikt. Dies führt zu Engpässen und langen PKW-Schlangen an den Tankstellen, besonders Diesel sei betroffen. Mein französischer Diesel bleibt ohnehin zu Hause und für den TGV wird die Reserve hoffentlich reichen.
Die französische Regierung plant eine Reform des Arbeitsmarkts, unter anderem sollen die 35-Stunden-Woche und der Kündigungsschutz gelockert werden.

Inzwischen sind auch Mitarbeiter der Pariser Metro und der Nahverkehrsbetriebe in Streik getreten. Die Piloten der Air France wollen nachziehen.
Eine Woche vor Beginn des Turniers wird gemeldet, dass schwer bewaffnete Soldaten die öffentlichen Plätze in den Städten sichern, zusätzlich würden zivile Sicherheitskräfte patrouillieren. Inzwischen warnt das US-Außenministerium offiziell vor Reisen nach Frankreich.[1]

Wer übergibt eigentlich den Pokal?

Grundsätzlich ist diese Frage leicht zu beantworten: der Präsident der UEFA. Also der Franzose Michel Platini im eigenen Land, davon war zumindest zum Zeitpunkt der Turniervergabe auszugehen. Doch seine kühnsten Träume platzen. Sowohl Platini als auch FIFA-Präsident Blatter werden von der FIFA-Ethikkommission im Oktober 2015 für zunächst 90 Tage von allen Funktionen suspendiert. Begründet wird die Maßnahme mit den laufenden Ermittlungen gegen die beiden.
Am 23.11.2015 wurde ein formales Verfahren gegen Michel Platini eröffnet, in dem es um eine lebenslange Sperre für alle Fußballaktivitäten geht. Das Verfahren basiert auf der Annahme, dass Platini im Gegenzug für die Zahlung Blatters diesen bei seiner Wahl zum FIFA-Präsidenten 2011 unterstützte.

---

1   11Freunde.de vom 4. Juni 2016

Blatter soll Platini dabei zugesichert haben, dass dies dann seine letzte Amtszeit sein würde. Damit eröffnete er eine Chance für Platini, 2015 zum Präsidenten gewählt zu werden, was deutlich schwerer gewesen wäre, wenn Blatters damaliger Herausforderer Mohamed bin Hammam erfolgreich gewesen wäre. Platinis Anwalt nannte die Forderung überzogen und das Verfahren einen Skandal.[2]

Am 21. Dezember 2015 sperrte die Ethikkommission Platini für acht Jahre und erlegte ihm eine Geldstrafe in Höhe von 80.000 Schweizer Franken auf.[3]

Bei Beginn der UEFA Euro 2016 steht der Veranstalter immer noch ohne Präsident dar. Platinis Nachfolger soll erst am 14. September gewählt werden.

Slowakei – England wieder verfügbar

Kurz vor Beginn der letzten Verkaufsphase entdecke ich, dass es wieder Karten für das Spiel in Saint-Étienne gibt, leider nur in der besten Kategorie für 145,- EUR.

Es ist keine lange Diskussion mit Sebastian nötig, um zu entscheiden, dass wir bei diesem Preis nicht mitziehen werden. Mit den 145,- EUR für das Match Ungarn – Portugal übertreffen wir unseren bisherigen

---

2 The Guardian vom 14. Oktober 2015 und 24. November 2015
3 Spiegel online vom 21. Dezember 2015

Ticketpreisrekord ohnehin schon sehr deutlich. Meiner liegt bei 90,- EUR, allerdings war dies nicht irgendein EM-Vorrundenspiel, sondern Deutschland – Italien, das Halbfinale der WM 2006 (billigste Kategorie!).
Wir werden spontan entscheiden, ob wir unser Glück auf dem Schwarzmarkt versuchen wollen oder den Abend einfach in Lyon verbringen. Wenn ich mir den Reiseführer anschaue, scheint man es dort aushalten zu können.

Was für ein Stadion erwartet uns?

Für die Europameisterschaft wurden in Frankreich acht Stadien um- und vier neu gebaut, diese befinden sich in Lyon, Lille, Bordeaux und Nizza.
Am 9.1.2016 wurde das neue Stadion nach nur knapp zweijähriger Bauzeit eingeweiht. Mit einem Fassungsvermögen von 59.186 Zuschauern ist es das drittgrößte Frankreichs. Olympique Lyon bestreitet dort nun seine Heimspiele. Wenn man das Stade de Lyon (weitere Bezeichnungen sind Stade des Lumières und Parc Olympique Lyonnais) mit der bisherigen Heimspielstätte des Clubs, dem Stade de Gerland, vergleicht, drängt sich der Gedanke auf, dass ein Neubau nie sinnvoller war.
Das alte Stadion versprüht wenig Charme. Besonders die wellenförmigen Überdachungen der beiden Hintertortribünen wirken optisch nicht ansprechend – haben aber einen gewissen Wiedererkennungswert.

Die Kapazität des Stadions aus dem Jahre 1926 liegt derzeit noch bei ca. 40.000, es ist jedoch eine Reduzierung auf 24.000 Zuschauer angedacht, sodass zur Saison 2017/2018 der örtliche Rugby-Club dauerhaft in das Stade de Gerland umziehen kann. Zentrum des Umbaus sollen die erwähnten Tribünen hinter den Toren sein. Grund genug, sich das Stadion vorher nochmal anzusehen – die Zeit dafür werden wir uns nehmen, schließlich handelt es sich um eine Spielstätte der EM 1984 und der WM 1998.

Im neuen Stade de Lyon, dem einzigen vereinseigenen Stadion der ersten französischen Liga, werden während der Europameisterschaft die Vorrundenspiele Belgien – Italien, Ukraine – Nordirland und „unsere" Spiele Rumänien – Albanien und Ungarn – Portugal stattfinden. Außerdem ein Achtelfinale und sogar ein Halbfinale. Das Stadion ist eine typische moderne Arena, sie liegt zwölf Kilometer entfernt von der Innenstadt und natürlich bestens mit dem Auto zu erreichen. Das alte Stade de Gerland hingegen liegt deutlich näher am Zentrum.

Ungarn – Portugal oder Wiedersehen mit einem alten Bekannten

Nach dem Spiel um Platz 3 bei der WM 2006, dem Vorbereitungsspiel Portugal - Luxemburg und dem Match Dänemark gegen Portugal 2012 habe ich zum vierten Mal einen Termin mit Cristiano Ronaldo. Allein diese Tatsache spricht dafür, dass sich der geniale Techniker mittlerweile im besten Fußballeralter befindet – am 5.2. hat er seinen 31. Geburtstag gefeiert. Wie bereits erwähnt, ist er für uns einer der Gründe, wegen denen wir uns für die Partie gegen Ungarn entschieden haben. Seine Dribblings oder die genialen Freistöße nach dem immer gleichen Schema. Fünf lange Schritte zurück und dann die Beine in Stellung gebracht, breites, umgedrehtes V.

Besonders reizvoll ist natürlich der ewige Kampf von David gegen Goliath, also hier Ungarn gegen Portugal. 2012 war die Konstellation ähnlich und erneut unterstützen wir den Underdog. Selbstverständlich können auch wir das fußballerische Können von Cristiano Ronaldo genießen, aber wenn es mal nicht nach seinem Geschmack läuft, kann sich der Eitle so herrlich aufregen – auch das muss honoriert werden!

An diesem dritten Spieltag der Gruppe bekommen es die Portugiesen mit einem erfahrenen Mann zu tun. Der aus der Bundesliga bestens bekannte Torhüter Gábor Király ist mit 40 Jahren der älteste Spieler des Turniers. Mittlerweile ist er in seine Heimat zurückgekehrt und wird bei seinem wahrscheinlich letzten Aufeinandertreffen mit Ronaldo besonders motiviert sein. Weiter kennt man vor allem die Bundesligaprofis Zoltán Stieber (1. FC Nürnberg) und Ádám Szalai (zuletzt Hannover 96). Die Ungarn sind sicherlich zufrieden, wenn sie das Achtelfinale erreichen. Der Vize-Weltmeister von 1954 nimmt zum ersten Mal seit 1972 und zweiten Mal überhaupt an einer EM teil.

Die Portugiesen haben andere Ziele. Es ist schon fast tragisch, dass diese Nation weder in der Ära Eusébios noch mit Figo oder Cristiano Ronaldo Welt- oder Europameister wurde. Ein Mal standen sie in einem EM-Finale. Damals, vor zwölf Jahren gegen Griechenland, galten die Portugiesen als klare Favoriten. Doch Rehhagels Griechen konnten sich ein 1:0 ermauern.

Fast schon ein Derby oder Rumänien – Albanien

Da zwischen den beiden Ländern nur zwei UEFA-Mitgliedsverbände liegen (Serbien und das jüngste Mitglied Kosovo), hat dieses Spiel beinahe Derby-Charakter. Dieser Fakt ist das Argument, das Sebastian und ich bringen, wenn wir gefragt werden, warum wir uns für diese Partie entschieden haben. Für die Albaner handelt es sich um ihre erste EM-Teilnahme!

Bonjour Tristesse

Sebastian hat sich kurzfristig entschlossen früher aus Berlin anzureisen und seinen Eltern einen kurzen Besuch abzustatten. Daher starten wir gemeinsam mit dem Auto von Frankenberg aus.

Am späten Abend erreichen wir Kassel. Ausnahmsweise regnet es am Abreisetag weniger als in den Wochen zuvor. Trockenen Fußes gelangen wir zum Bahnhof Wilhelmshöhe. Das Areal wirkt an jenem Samstag gegen 23 Uhr wie ausgestorben. Außer uns beiden hält sich niemand am Bahnsteig von Gleis 2 auf. Wir beschließen, dass unser Urlaub nun begonnen hat, und öffnen aus diesem Anlass die ersten beiden Flaschen Bosch-Braunbier und schneiden eine Ahle Worscht an. Insgesamt haben wir drei Exemplare der Nordhessischen Zigarren im Gepäck.

Die Einöde wird von durchfahrenden Güterzügen und zwei sich jagenden Mardern unterbrochen. Regelmäßig informiert die Ansagerin über die aktuelle Verspätung unseres Zuges, schnell wird uns ihre Stimme zu einer Vertrauten in dieser Tristesse.

Mit 35-minütiger Verspätung fährt der Nachtzug ein. Uns erwarten Betten, Sebastian berichtet mir, dass er Liegeplätze reserviert hat. Im Wagen wird mir schnell klar, dass sich meine Vorstellung eines Schlafabteils eher mit der 1. als der 2. Klasse deckt. Ich male mir ein Abteil aus, nur für uns beide, in dem wir gemütlich noch etwas trinken und schwätzen können. Diese Szene ist in meinem Kopf schwarz-weiß, sie scheint aus einem alten Spielfilm zu stammen. Tatsächlich müssen wir teilen mit bis zu vier anderen Reisenden. Als wir die Schiebetür öffnen, scheinen in dem dunklen Raum bereits vier der sechs Betten belegt zu sein. Links und rechts vom Gang sind jeweils drei Schlafmöglichkeiten angebracht, vor

Kopf befindet sich eine Stahlleiter. Links sind noch zwei Betten frei. Wir verstauen unsere Taschen und gehen nochmal auf den Flur. Kaum ist der Zug angefahren, spricht uns ein Bahnmitarbeiter an.
„Braucht ihr noch Bier? Dann kommt mit, nachher gibt's keins mehr."
Wir haben nur noch zwei Bosch im Rucksack. Kann man uns unsere Not so sehr ansehen? Sebastian und ich folgen ihm und lassen uns je ein Fläschchen Bitburger für 3,30 EUR andrehen. Was bleibt uns anderes übrig?
Auf dem Gang reden wir noch eine Weile und werden Zeuge, wie ein älterer Herr versucht, die Klotür, nach Abschluss seiner Geschäfte, von außen zu schließen. Leider kommt ihm dabei die moderne Technik in die Quere. Er bearbeitet die Tür so lange, bis sie sich nicht mehr öffnen lässt. Der Mann macht sich aus dem Staub. Sebastian informiert unseren Zugbegleiter, dieser beseitigt das Malheur und bedankt sich, dass wir ihn informiert haben – noch eine defekte Toilette im Zug könne er nicht gebrauchen.
Später begeben wir uns in unsere Betten. Ich kann recht gut schlafen. Sebastian macht die Lüftung allerdings sehr zu schaffen. Nach kurzem Aufenthalt in Basel und einem Frühstück aus Cola, Schokoriegel und Sonntagszeitung geht es weiter nach Lyon. Wir passieren die ehemalige Grenzstation noch im Bahnhof.
Basel wirkt zu dieser Zeit grau und langweilig. Gut, dass ich die Stadt mit dem wunderschönen Rathaus

bereits vor Jahren näher kennenlernen durfte, sonst hätte ich jetzt einen völlig falschen Eindruck mitgenommen. Im Zug nach Lyon kommt ein wenig EM-Atmosphäre auf, ein Familienvater trägt einen Schweden-Schal. Ob sie das Spiel ihrer Mannschaft am Mittwoch in Nizza besuchen werden?

Die Schwester kommt zur Schlüsselübergabe

Kaum, dass unser Zug Lyon erreicht, erhält Sebastian eine Nachricht von unserem Vermieter Simon. Er teilt ihm mit, dass er uns die Schlüssel um 13 Uhr nicht persönlich überreichen könne, seine Schwester werde dies übernehmen.
Diese Aktion gibt Minuspunkte bei uns. Ist das ein Trick? Noch sind es zwei Stunden Zeit. In einem Bistro stärken wir uns und besprechen die Lage. Sollen wir ihr wirklich die zähneknirschend vereinbarten 1.500,- EUR Kaution geben? Sebastian und ich beschließen, das Gespräch mit der Schwester in Englisch zu führen. In Französisch hätte ich mich nicht beteiligen können und er fühlt sich so sicherer. Weiter legen wir fest, diplomatisch vorzugehen und kein Wort über die Kaution zu verlieren – wir spekulieren darauf, dass sie nichts von dem Betrag weiß.
Vom Rathaus gehen wir durch die schmalen Altstadtgassen zur genannten Adresse. Zum Ende hin wird es immer steiler. Unser Einsatz wird schließlich mit einem atemberaubenden Blick auf die Basilika

Nôtre Dame belohnt werden. Pünktlich erreichen wir das Haus. Der Name unseres Vermieters ist auf der Klingel nicht bloß flüchtig handschriftlich, sondern mit einem Aufkleber angebracht. Das gibt einen Pluspunkt. Alles andere hätte uns misstrauisch gemacht. Wir klingeln, es wird umgehend geöffnet.
Das urige Treppenhaus begeistert uns. Wie alt mag es sein? Hundert Jahre oder mehr? Vielleicht wurde es noch nie renoviert, das hat Charme. Erfreut stellen wir fest, dass sich die Wohnung im ersten Obergeschoss befindet. Die Schwester öffnet uns, sie ist Anfang zwanzig und modisch gekleidet. Freundlich bittet sie uns herein und berichtet, dass sie bis eben noch die Wohnung geputzt habe. Sie erklärt uns einige Details zur Wohnung ihres Bruders und ist dann auch schon wieder auf dem Sprung. Sebastian schafft es gerade noch, sie auf den Abreisetag und die Schlüsselrückgabe anzusprechen. Geplant ist, dass wir die Wohnung gegen 9 Uhr verlassen.
„Entweder komme ich, um den Schlüssel abzuholen, oder ihr könnt ihn einfach in den Briefkasten werfen."
Wir verabschieden uns und weg ist sie. Als sie die Tür hinter sich schließt, gucken wir uns irritiert an. Das gibt's doch nicht... Von dem Geld keine Rede. Wir schlagen ein und beginnen unser Domizil zu erkunden.
Zunächst haut uns der erwähnte Ausblick auf Basilika und Stadt beinahe um. Simons Behausung gefällt uns sehr, er mag es stilvoll, alt und gebraucht. Kein Gegenstand scheint jünger als dreißig Jahre zu sein. Sebastian und ich entdecken Bücher in verschiedenen

Sprachen, ein altes Rennrad, eine Pfaff-Nähmaschine, ein Playboy-Heft von 1983, antiquarische Möbel und jede Menge Nippes sowieso.

Der Kühlschrank ist gefüllt mit Lebensmitteln, die nach unserer Abreise nicht mehr genießbar sein werden – besonders hart wird es den Salat treffen. In der Küche türmen sich Geschirr und Besteck, alles noch nass. Scheinbar hat Simon seine Schwester auch verdonnert, den längst überfälligen Abwasch zu übernehmen. Die Ärmste! Ob er das schwarze Schaf der Familie ist und sich mit dem tageweisen Vermieten der Wohnung seine Existenz sichern muss? Hat er am Ende vor lauter Retrokram nicht mitbekommen, dass seine Stadt Austragungsort für die Fußball-Europameisterschaft ist? Sebastian und ich zahlen pro Nacht und Nase etwas mehr als 30,- EUR, er hätte in diesen Tagen durchaus das Dreifache verlangen können. Vielleicht hat er sich zu sehr bei der Berechnung der Kaution aufgerieben. Uns kann all dies egal sein. Wir sind sehr zufrieden mit unserer Wahl und ein wenig erleichtert, dass alles gut gegangen ist. Zeit für eine kleine Ruhepause.

Das Bett des Hauses ist recht schmal. Sebastian hat sich in das Sofa verguckt, daher überlässt er mir für die nächsten Tage das Schlafzimmer.

Stadt, Land, Flüsse

Wir verlassen unser Anwesen in Hanglage und passieren einen Bergpark. Ein verschlungener Weg führt uns zum Ufer der Saône. Das Hochwasser hat sie graubraun verfärbt und über die Ufer treten lassen. An einer der zahlreichen Fußgängerbrücken wechseln wir auf die andere Seite. Ein Denkmal ehrt Jean…, den guten Deutschen. Kleine Häuser mit Geschäften gehen über in kleine Häuser mit Kneipen. Bald befinden wir uns in einem Kneipenviertel mit engen Gassen. Diese Gegend rund um die Rue St. Jean scheint kein Geheimtipp zu sein. Es geht sehr lebhaft zu. Viele Fußballfans sind zu sehen, neben Rumänen und Albanern vor allem Engländer, die sich über- und den Alkohol unterschätzt haben. Am Rand des Platzes vor der St. Jean Kathedrale stehen zwei Militärfahrzeuge, ansonsten ist von Sicherheitsmaßnahmen nichts zu spüren. Es herrscht ausgelassene Fußballgroßturnierstimmung und das ist auch gut so.

An einem Infostand erkundigen wir uns über die Anfahrtsmöglichkeiten zum Stadion. Der Trip soll 45 Minuten dauern. In Parilly, einem der Außenbezirke, endet die Metro-Fahrt, dort wird uns ein Shuttlebus in Empfang nehmen.

Bis wir zum Stadion aufbrechen müssen, bleibt noch Zeit, diese verbringen wir in den kleinen Kneipen in der Rue St. Jean mit Blick Richtung Straße, um das Treiben zu beobachten. In unmittelbarer Nähe der gleichnamigen Kathedrale startet die Metro zum Stadion, bis Parilly sind es zehn Stationen. Dort empfängt uns ein freundlicher Mitarbeiter mit einem Wegweiser zu den Shuttlebussen. Diese stehen in ausreichender Zahl bereit und werden schnell von den

rumänischen und albanischen Fans gefüllt. Die Albaner sind deutlich in der Überzahl.
Die Busfahrt dauert fast eine halbe Stunde, sodass wir inklusive Fahrt mit der U-Bahn über eine Stunde bis zum Stadion unterwegs sind. Dies entspricht nicht unserer Vorstellung eines idealen Standorts für ein Fußballstadion. Tatsächlich liegt das Areal zwölf Kilometer von der Innenstadt entfernt in Décines-Charpieu, mitten auf der grünen Wiese. Eine Autobahn befindet sich in unmittelbarer Nähe, so ist das heutzutage. Die Anreise bietet uns genug Zeit für Gedanken über die Einlasskontrollen. Werden sie wirklich so intensiv und zeitaufwendig sein wie angekündigt? Wird es uns gelingen, eine Ahle Worscht hineinzuschmuggeln? Sie ist, samt Messer, in Sebastians Tasche versteckt. In einem der vielen Fächer sollte sie unentdeckt bleiben. Doch zur näheren Kontrolle kommt es gar nicht. Sebastian wird mit seiner Tasche an der ersten Absperrung abgewiesen. Er muss seine Tasche abgeben, damit endet die Reise für die Ahle Worscht. Diese Maßnahme sorgt für wenig Begeisterung, wir müssen uns fügen, was bleibt uns anderes übrig.
Die Personenkontrolle verläuft recht lasch, schlampiger als bei manchem Bundesligaspiel. Der Oberkörper wird kurz abgetastet, ich muss meine Kappe lüften – mehr nicht. Auf dem Hoheitsgebiet der UEFA ist das Rauchen untersagt, Zuschauern mit Zigarette wird der Einlass verwehrt. Erst nachdem sie aufgeraucht haben, dürfen sie sich erneut anstellen.

Kulinarisch erwartet uns ein weiteres Diktat des Veranstalters: Alkoholverbot! Von dem Erzeugnis der Carlsberg-Brauerei, ausgestattet mit 0,5% Alkohol, der halbe Liter zu 6,50 EUR, möchte ich nicht reden. Es gelten also diesbezüglich die gleichen Regeln wie bei den europäischen Vereinswettbewerben. Alkoholfreies Radler kostet 5,- EUR, Cola 4,- EUR. Wir entscheiden uns für letzteres.

Essen gibt es auch. Ein Hamburger kostet 6,- EUR, eine übersichtliche Portion Pommes 3,- EUR, eine kleine Chipstüte kann für 3,- EUR erworben werden. Zur Halbzeit ist das Popcorn ausverkauft, das sagt einiges über dieses Turnier aus!

Auf Suche nach dem richtigen Aufgang zu unseren Plätzen passieren wir eine Tafel mit Sitzplan des Stadions. Unser Block 420 befindet sich im Oberrang, Höhe Eckfahne. Angesichts des Ticketpreises von 105,- EUR kommt leichte Enttäuschung auf. Und die Plätze beim Mittwochsspiel? Dann sitzen wir im Block 126, dieser ist im Unterrang – ungefähr auf Höhe einer 16er-Linie. Der Bereich ist den Balkons im Frankfurter Stadion ähnlich, er befindet sich direkt vor den VIP-Plätzen und besteht nur aus wenigen Reihen. Lassen wir uns überraschen. Fest steht, dass eine Kappe oder Sonnenbrille wegen der Sonneneinstrahlung in diesem Block zwingend erforderlich ist.

Der Abend wird von einer blonden Sirene und ihrem männlichen Kollegen moderiert. Aufgabe der beiden ist es, die Massen für das kommende Spektakel anzuheizen. Es folgen die üblichen Spielchen der

Neuzeit, nach amerikanischem Vorbild. Eine Kamera zoomt auf vermeintliche Pärchen und blendet sie für alle sichtbar auf der Großbildleinwand ein. Die beiden werden dann mit dem Hinweis „Kiss-Camera" eingerahmt, was dazu führt, dass sie oder er sich genötigt fühlt, den Partner zu küssen.

Dann wird versucht, das Publikum weiter auf Touren zu bringen, indem Sirene und Kollege die Zuschauer auffordern, so laut wie möglich zu schreien. Per Pegelausschlag wird das Ergebnis auf der Stadionanzeige öffentlich gemacht. 94 Dezibel werden erreicht und alle sind glücklich. Zum Schluss kündigt uns die Moderatorin an, dass die Eröffnungszeremonie zum heutigen Spiel in zehn Minuten beginnt.

Sebastian und ich verlassen unsere Plätze, um uns dem kulinarischen Angebot zu widmen. Wir bedauern sehr, dass ausschließlich Einheitsbrei geboten wird, den man auch in einem US-Baseball-Stadion bekommen könnte. Den lokalen Spezialitäten werden wir uns ohnehin in den nächsten Tagen in der Stadt widmen.

Wir nehmen unsere Plätze ein. Um uns herum sitzen fast ausschließlich Albaner, die in großer Anzahl zur ersten EM-Teilnahme angereist sind, bisher jedoch ohne Punktgewinn in ihrer Gruppe geblieben sind. Parallel spielt Frankreich gegen die Schweiz, da beiden ein Unentschieden reicht, ist ein Nichtangriffspakt zu befürchten. Für die Partie Rumänien gegen Albanien bedeutet dies, dass Rumänien bei einem Sieg Chancen hätte, zu einem der vier besten Gruppendritten zu gehören. Den Albanern würde hierfür wahrscheinlich noch nicht einmal ein Sieg reichen. Die Fans des Balkanstaats begeistern uns. Ihr Team ist Außenseiter, zeigt sich jedoch schon zu Beginn sehr kämpferisch und erobert somit unsere Sympathie.

Schnell gehen die Rumänen mit 2:1 in Führung... was das Abbrennen von Bengalischem Feuer betrifft. Dies bleibt den Fernsehzuschauern dank der bewussten Steuerung des Bildmaterials durch die UEFA verborgen.

Der Kampfgeist der Albaner wird belohnt. Die Zuschauer feuern die Mannschaft über 90 Minuten frenetisch an und sind den rumänischen Fans deutlich überlegen. In der 43. Minute erzielt Sadiku das erste albanische EM-Tor. Es folgt viel Abwehrarbeit, die immer wieder von Entlastungsangriffen unterbrochen wird. Am Ende siegt Albanien verdient mit 1:0. Um uns herum herrscht ausgelassener Jubel, wie man ihn selten nach einem EM-Gruppenspiel erlebt. Die Albaner feiern, als hätten sie das Turnier gewonnen. Wir lassen uns von der Begeisterung anstecken und schießen Fotos mit den Fans.

Am Ende dieses langen Anreisetags mit erstem Spiel sind wir froh, als wir nach Bus- und Metro-Fahrt sowie anschließendem Fußmarsch unsere Unterkunft erreichen.

Der erste Morgen

Tiefenentspannt wache ich kurz vor acht Uhr auf. Wie versprochen maile ich der HNA ein Foto, das uns mit einigen albanischen Fans zeigt, und füge einen kleinen Bericht bei. Dann stehe ich auf um zu gucken, wie Sebastian die Nacht überstanden hat.
Auch er hat gut geschlafen. Sorgen bereitet ihm dagegen das Wohnzimmerfenster. Gestern waren mehrere Anläufe nötig, um es zu schließen, jetzt lässt es sich nicht öffnen. Ich, der technische Totalausfall, soll ihm helfen. Ich probiere mein Glück und habe tatsächlich Erfolg. Mit ein bisschen Drücken und Rütteln lassen sich die Fensterflügel bewegen. Das baut auf! Getragen von dieser Euphorie gelingt es mir wenig später, den Gasherd in Gang zu bringen, um uns Kaffee zu kochen. Mit französischem Kuchen und Schokobrötchen starten wir gemächlich in den Tag.
Wir begeben uns in die Stadt und schlendern ziellos durch die Straßen der Halbinsel zwischen Saône und Rhône. Unweit der Börse legen wir eine Pause ein und beobachten die Vorbeieilenden. Heute sind besonders viele Engländer in der Stadt. Am Abend findet das Spiel gegen die Slowakei in St.-Étienne statt, das wäre unser drittes Match gewesen. Wir trauern dieser Chance nicht nach und genießen es, uns Lyon in Ruhe widmen zu können. Sonst hätten wir gleich am ersten Tag nach der Anreise weiterziehen müssen. Ohne Ticket in die ungefähr eine Stunde entfernte Stadt zu fahren, kommt nicht in Frage. Wer

weiß, was wir auf dem Schwarzmarkt hätten bezahlen müssen. Die Karten für die beiden Spiele in Lyon waren teuer genug. Neben den Engländern sichten wir die ersten Ungarn und einige versprengte Albaner.

Es wird Zeit für eine warme Mahlzeit. Beim Infostand am Vorabend hat Sebastian einen Reiseführer der Stadt Lyon ergattert. Sehr ausführlich werden die kulinarischen und kulturellen Empfehlungen für die einzelnen Viertel beschrieben. Ein Flammkuchen-Restaurant erweckt unser Interesse. Das Flam's liegt in der Rue Tupin, einer Seitengasse der größten Einkaufsmeile. Leider sind die Öffnungszeiten sehr abenteuerlich, an einigen Tagen hat der Betrieb nur abends geöffnet – so auch an diesem Montag.

Doch der Weg ist nicht umsonst. Wie überall in der Stadt kommt ein Restaurant selten allein – meistens gibt es reichlich Alternativen in der näheren Umgebung. An einer Straßenecke werden wir auf ein Lokal mit Bierkrügen unterhalb des Schriftzugs aufmerksam. Ein Blick auf die Speisekarte verrät, dass belgische und niederländische Gerichte angeboten werden. Bier gibt es sogar in Literkrügen! Dieses stammt, wenn es halbwegs regional sein soll, meist aus Straßburg. Ansonsten wird das Angebot von Bier aus Belgien, den Niederlanden oder Deutschland dominiert. Wir sitzen also quasi an der Quelle. Sebastian und ich entscheiden uns für Frikandel mit Salat. Für die, an denen dieses kulinarische Highlight bisher vorbeigegangen ist: Fleischrolle, optisch der Bratwurst ähnlich. Als Gruß aus der Küche wird uns ein Schälchen Pommes überreicht. Als das Hauptgericht serviert wird, bitten wir um Frittennachschlag. Die Bedienung weist uns darauf hin, dass wir uns an der Durchreiche zur Küche so oft Nachschlag holen können wie wir möchten, und sorgt damit für zufriedene Gesichter.

Unser Verdauungsspaziergang führt uns durch die Rue de Brest und die Rue de la Lanterne, zwei kleine Seitengassen, die vom Reiseführer wegen ihrer kleinen Geschäfte als Geheimtipp empfohlen werden, dort soll es Schallplattenläden geben. Wir werden fündig, doch nicht glücklich. Wenn ich einen Plattenladen betrete, erwarte ich Gemütlichkeit, im Idealfall sitzt der Inhaber mit Dreitagebart und Kaffee hinter dem Tresen. Der Fußboden weist Flecken und Gebrauchsspuren auf. Sofort beim Betreten des Geschäfts merke ich, dass ich nicht warm werde. Es ist zu sauber und aufgeräumt. Alle LPs sind in einheitliche Klarsichthüllen verpackt und kosten fast doppelt so viel wie bei den Händlern meines Vertrauens (Marburg, Gießen oder Kassel). In Deutschland ist die Schallplatte zwar in den letzten Jahren in leichtem Aufwind, aber hier scheint sie als besonders chic zu gelten. Ich beschließe, in den folgenden Tagen einen großen Bogen um die weiteren Plattenläden der Stadt zu machen. Auch wenn ich mir kurze Blicke in die Schaufenster nicht verkneifen kann.

Bierverkauf nur von 8 – 12 Uhr

Endlich entdecken wir einen Supermarkt. Irritiert stellen wir fest, dass der Zugang zu den alkoholischen Getränken mit Euro-Paletten verstellt wurde. Im Kühlregal sind einige Bierdosen frei zugänglich. Mit je zwei Dosen und einem Gläschen Instant-Kaffee (für unseren Vermieter) gehen wir zur Kasse. Unterwegs guckt uns eine Mitarbeiterin unfreundlich an. Bei der Kassiererin ist schließlich Schluss. Sie weist uns darauf hin, dass während der EM Alkohol nur von 8 bis 12 Uhr verkauft werden dürfe, und zeigt uns einen entsprechenden Bescheid. Es ist nach 12, also trennen wir uns an der Kasse vom Bier und kaufen nur den Instant-Kaffee.

Sebastian und ich bleiben im Viertel und verbringen die nächsten Stunden in einer Eck-Kneipe. Wir sind die ersten Gäste. Die Bedienung ist sehr nett und nimmt sich Zeit für ein ausführliches Beratungsgespräch, schließlich gilt es aus zwanzig Biersorten auszuwählen. Im Laufe des Nachmittags füllt sich die Bar. Wir beobachten die Gäste, die Bewohner der Nachbarhäuser, schauen Lieferwagen beim Ausladen und Einparken zu. Die Gegend ist nicht so sehr von Touristen überlaufen, Fußballfans sind schon gar nicht zu erkennen. Wir tauchen einfach in den Alltag der Leute ein, mit dem Unterschied, dass wir Urlaub haben.

Irgendwann geht auch dieser entspannte Nachmittag zu Ende. Sebastian und ich möchten bei der Fanzone zumindest geguckt haben. Der Weg ist gut beschildert

und führt über eine der Haupteinkaufsstraßen. Zwischen Kneipe und Fußgängerzone sehen wir einen weiteren Supermarkt. Hält man sich dort an die Bestimmung, dass nach 12 Uhr Mittag kein Alkohol mehr verkauft werden darf? Das Sortiment ist relativ überschaubar, aber frei zugänglich. Das Straßburger Bier Kronenbourg wird in Six-Packs angeboten. An der Kasse gibt es keine Probleme… Verwundert verlassen wir den Laden und beschließen, dieses Thema in den kommenden Tagen weiter zu beobachten. Randnotiz: Die „getesteten" Geschäfte sind nur 200 Meter Luftlinie voneinander entfernt.
Bis zum Anpfiff der Partie Slowakei gegen England um 21 Uhr ist noch Zeit. Der Brunnen an der Place des Jacobins scheint uns der ideale Ort diese sinnvoll zu verbringen. In unmittelbarer Nähe befindet sich der Place Bellecour, dort wurde die Fanzone mit zwei Großleinwänden aufgebaut. Am Einlass erwartet uns eine Kontrolle wie am Flughafen: Gürtel ausziehen und Hosentaschen leeren, Inhalt und Gürtel sind in ein Plastikkästchen zu legen. Blick in meine Umhängetasche, es kommt zu einem überraschenden Problem. Mein Instant-Kaffee wird mir zum Verhängnis, nachdem Sebastian bereits durchgewunken wurde. Der Glasbehälter passt dem Sicherheitspersonal nicht. Ich versichere, dass ich nicht beabsichtige, den Kaffee als Wurfgeschoss einzusetzen, doch man kennt keine Gnade.
„Sebastian, die lassen mich mit dem Kaffee nicht rein!", rufe ich ihm nach und winke ihn zu mir.
„So ein Mist!"

„Stell dich mal an den Zaun bei den Dixi-Toiletten", flüstere ich. Nicht, dass jemand von den Security-Kräften Deutsch versteht. „Ich schieb dir den Kaffee unter der Absperrung durch."
Ich verlasse den Eingangsbereich, lege den Kaffee auf den Boden und schiebe ihn mit dem Fuß unter der Absperrung durch. Der Trick funktioniert, wir werden nicht ertappt. An dieser Stelle fragen wir uns, was über diesen Weg noch auf das Gelände hätte geschmuggelt werden können.
Die Fanzone bietet ein trostloses Bild. Trotz des freien Eintritts herrscht gähnende Leere vor der kleinen Leinwand, an der großen haben sich einige wenige hundert Fans, vor allem Engländer, eingefunden – das Areal bietet Platz für mehrere tausend Besucher! Als Rahmenprogramm werden die üblichen Sponsorenspielchen geboten. Beim Torwandschießen der Lotto-Gesellschaft FDJ sind wir sportlich erfolglos, werden aber mit Plastiksonnenbrillen aufgemuntert.
Eine Tribüne der Carlsberg-Brauerei bietet für 45,- EUR beste Sicht auf das Geschehen... So richtig Spaß macht uns das alles nicht. Daher beschließen wir, etwas zu essen und die Lokalität in der Halbzeitpause zu wechseln. Auch im benachbarten Pub wird schnell klar, dass wir bei dieser Partie in St. Étienne nicht viel verpasst haben – das Spiel endet 0:0. Definitiv kein 0:0 der besseren Sorte.
Den Rest des Abends verbringen Sebastian und ich getrennt voneinander. Er möchte der Shisha-Bar unseres Viertels einen Besuch abstatten. Ich bin dafür

nicht zu begeistern, also schließt er mir unsere Wohnung auf und zieht nochmal los.

Ahle Worscht im alten Stadion

Auch den zweiten Tag in Simons Wohnung beginnen wir ausgeschlafen und fast gleichzeitig. Wie am Vortag gehe ich in die Küche, um uns Kaffee zu machen. Zufällig entdecke ich den Wasserkocher im dortigen Durcheinander. Doch ich bleibe dabei, das Wasser im Topf auf dem Gasherd zu erhitzen.
Sebastian berichtet von der Shisha-Bar und erzählt, dass er sich gut mit dem Inhaber verstanden habe. Dieser hätte sogar die Annahme des Trinkgelds verweigert, da er von Freunden keines annehme.
Beim bewährten Frühstück - Kuchen, Schokobrötchen und Kaffee - beschließen wir, im Laufe des Vormittags zum alten Stadion von Olympique, dem Stade de Gerland, zu fahren. Es sind elf Stationen mit der Metro bei einem Umstieg. Als wir die Treppenstufen der Endstation erklimmen, ist bereits einer dieser klassischen alten Flutlichtmasten vom Typ Fliegenklatsche zu erkennen. Was war das früher einfach, wenn man das Stadion in einer fremden Stadt gesucht hat – immer den Flutlichtmasten nach, da war die Beleuchtung noch nicht im Dach der Tribünen versteckt.
Die Straße vor dem Stadion ist gesperrt, es werden Tribünen und Verkaufsstände für eine Veranstaltung aufgebaut. Ein hoher Zaun rahmt das Gelände ein. Sämtliche Eingänge auf dieser Seite sind verschlossen

oder werden bewacht. Wir geben nicht auf und haben Erfolg. An der nächsten Straßenecke befindet sich eine Zufahrt mit Parkplätzen, gegenüber steht ein Verwaltungsgebäude mit Pförtner. Immer wieder sehen wir Autos vorfahren und Personen Richtung Stadion gehen. Wir tun so, als würden wir dazugehören, und schlagen denselben Weg ein.

Der erste Zugang zum Stadion ist offen. An der Ecke Haupttribüne/Hintertortribüne gelangen wir in das Innerste des Stade de Gerland. Wir sind unsicher, ob wir beobachtet wurden und uns ein Ordner einen Strich durch die Rechnung machen könnte, daher schießen Sebastian und ich rasch die ersten Fotos. Entlang der Haupttribüne tasten wir uns weiter vor zur nächsten Ecke. Bald wird uns klar, dass wir unbehelligt geblieben sind. Schnell ist der Rundgang abgeschlossen und die Tribünen sind aus allen Perspektiven fotografiert.

Dieses Stadion wirkt wie ein Relikt aus einer längst vergangenen Zeit, vor allem wenn man es aus deutscher Sicht wahrnimmt – einem Land, dessen Stadien der ersten Liga in den letzten 15 Jahren neu gebaut oder komplett renoviert wurden und seitdem mehrheitlich als Arenen bezeichnet werden. Doch wir befinden uns in einem Stadion, in dem bis zum letzten Jahr noch der französische Erstligist Olympique Lyon seine Heimspiele ausgetragen hat und seine sieben Meisterschaften feiern konnte. Nicht zu vergessen, dass das Stade de Gerland Austragungsort der EM 1984 und der WM 1998 war, vor allem letzteres ist heute kaum noch vorstellbar.

Zurück in den Juni 2016, da die perfekte Aufnahme noch aussteht.
Die Sitze auf der Gegentribüne sind in Weiß gehalten. Ein Teil der Plätze ist rot und bildet das Wort LYON. Der ideale Punkt, um diese Seite des Stadions fotografieren zu können, ist der Unterrang der Haupttribüne. Gesagt, getan. Wir gehen die Reihen nach oben bis zu den gepolsterten Sitzen der VIP-Tribüne, um die wichtigsten Aufnahmen zu machen.
Nach der Arbeit das Vergnügen. Es ist Zeit für unsere ständigen Begleiter: Ahle Worscht und Bier. Welchen besseren Platz als die Trainerbank könnte es dafür geben? Wir richten uns gemütlich ein und machen ein Beweisfoto, das schnell zum Facebook-Hit wird. Nicht auszudenken, wie oft man es geliked hätte, wenn noch ein süßes Kleinkind mit auf dem Bild gewesen wäre.
Tatsächlich verirren sich später weitere Interessenten ins Stadion. Vier Jungs aus England tauchen auf und entdecken uns auf der Trainerbank. Sie bitten mich, Fotos von ihnen zu machen. Dann kommen wir mit einem Holländer in Hausschuhen und einer kurzen Hose mit Feyenoord Rotterdam-Wappen ins Gespräch. Er berichtet, dass er bereits in Paris bei einem EM-Spiel gewesen sei – die holländische Bahngesellschaft habe günstige Fahrkarten für 20,- EUR angeboten. Von diesem Trip ist ihm vor allem in Erinnerung geblieben, dass es dort viele Immigranten gebe. Was er nun in Lyon sucht, entzieht sich unserer Kenntnis. Wie sich herausstellt, ist der Holländer rein zufällig im alten Stadion gelandet. Er hatte überhaupt

nicht mitbekommen, dass eigens für die EM ein neues gebaut wurde. Neben seinen rechts angehauchten Bemerkungen disqualifiziert ihn seine Unwissenheit zusätzlich. Wie kann man so schlecht vorbereitet sein?! Nicht zu fassen! Der Holländer zieht bald weiter. Wir bleiben noch eine Weile auf „unserer" Trainerbank. Leider ist es uns nicht möglich, in die Mannschaftskabinen vorzudringen. Die Treppen in die Katakomben sind zwar frei zugänglich, dann endet unsere Reise aber an einer verschlossenen Tür.

Die Zuschauertoiletten unter der Haupttribüne sind geöffnet, sie sind besonders skurril, daher müssen sie erwähnt werden. Sie befinden sich zwei Meter unter der Grasnarbe. Der Eingangsbereich zu den Herrentoiletten ist sehr großzügig gestaltet, er ist mehrere Meter breit, eine Tür gibt es nicht. Parallel zur Seitenauslinie, wenige Meter von ihr entfernt, sind die Pissoirs aufgereiht. Man(n) kann sich also mit dem Rücken zum Spielfeld stehend erleichtern und das Spiel gleichzeitig weiter verfolgen.

Wir nehmen uns den Außenbereich des Geländes vor. An einigen Stellen lässt sich noch erkennen, dass der Fußballplatz früher von einer Radrennbahn eingerahmt wurde. Ansonsten besticht das weitläufige Areal vor allem durch seinen maroden Charme. Auf dem Rückweg zur Metro entdecken wir den modernen Fanshop von Olympique Lyon, außer ihm erinnert in der Gegend nicht mehr viel an den Club, der noch bis zum Vorjahr hier beheimatet war.

Wie Gott in Frankreich

So viel Kultur am frühen Morgen macht hungrig. Zurück in der Innenstadt wird es Zeit für ein gemütliches Mittagessen, das haben wir uns jetzt auch redlich verdient. Sebastians Buch kommt erneut zum Einsatz. Ein Restaurant mit französischen Gerichten zu humanen Preisen weckt unser Interesse. Es befindet sich etwas abgelegen in einer Seitengasse. Dieses Mal haben wir Glück, das empfohlene Lokal hat geöffnet und entpuppt sich als echter Geheimtipp.
Im Außenbereich dürfen wir uns zwei Plätze aussuchen. Es gibt keine Speisekarte im klassischen Sinne. Der Kellner geht mit einer großen Schiefertafel, auf der 15 Gerichte aufgelistet sind, von Tisch zu Tisch. Freundlich übersetzt er uns das aktuelle Angebot. Bei Steak mit Senf-Sauce und Ofenkäse lassen wir es uns gut gehen.
Während eines kurzen Zwischenstopps in der Wohnung erfahren wir aus der Heimat, dass die lokale Presse den kleinen Bericht mit Foto am Montagabend nicht nur bei Facebook veröffentlicht hat. In der gedruckten Dienstagsausgabe lächeln wir den Zuhausegebliebenen von Seite drei entgegen.
Am frühen Abend zieht es uns erneut in das Altstadtviertel rund um die St. Jean Kathedrale. Anhand der Flaneure lässt sich gut erkennen, welche Mannschaften als Nächstes in der Stadt spielen. Vereinzelt treffen wir auf Portugiesen, vermehrt auf Ungarn.

Wir steuern unsere Kneipe vom Vortag an, um das 18 Uhr-Spiel der deutschen Nationalmannschaft gegen Nordirland sehen zu können. Bis auf zwei Plätze ist sie bereits in ungarischer Hand. So warten Sebastian und ich, eingerahmt von 20 Fans des Vizeweltmeisters von 1954, auf den Anpfiff. Die eine Hälfte trägt Trikots ihrer Mannschaft und ist eher im gesetzten Alter. Die andere Hälfte ist 20 bis 35 Jahre alt, trägt eine Kappe oder hat eine Glatze – statt der Trikots werden T-Shirts mit aggressiv dreinblickenden Hunden oder dem Klassiker unter den Hooligansprüchen „All Cops Are Bastards" bevorzugt. Wie die Herren wohl auf Torjubel unsererseits, sofern es denn dazu kommen sollte, reagieren? Bei Beschwerden haben Sebastian und ich ein Ass im Ärmel.

„Wenn die uns ans Leder wollen, sagen wir einfach, dass wir morgen auch ins Stadion gehen und Ungarn unterstützen. Ist ja auch die Wahrheit", sind wir uns einig.

Das Spiel beginnt und wir finden schnell Gründe, das Geschehen in Paris zu kommentieren. Im Glauben, uns könnte keiner verstehen, lassen wir kein gutes Haar an den deutschen Angriffsbemühungen.

Plötzlich spricht uns der Herr vor uns in akzentfreiem Deutsch an.

„Jungs, regt euch doch nicht so auf. Der nächste Schuss geht bestimmt rein."

Einen Moment lang sind selbst wir sprachlos.

Die Tatsache, dass ein Großteil der Ungarn Deutsch spricht, kommt uns entgegen und sorgt bei dem mäßigen Kick für Kurzweil. Es war zwar nicht der nächste Schuss, der reinging, aber irgendwie gelang es Gomez, den Ball über die Linie zu stochern.

Nach diesem nervenzerfetzenden 1:0 brauchen wir frische Luft. Im Viertel rund um die Kirche findet an diesem Abend ein Musikfestival statt. Überall in den Straßen und Gassen spielen Musikgruppen. Zwei DJs legen Ska-Platten auf und animieren uns zum Pogotanz. Gegenüber der Kathedrale steht die Hauptbühne. Eine Band spielt berühmte Songs nach. Die vier Herren mit Dame machen das so gut, dass unser Interesse, die 21Uhr-Partien Tschechien-Türkei und Kroatien-Spanien in einer Kneipe zu verfolgen, erheblich nachlässt.

In der Nähe entdecken wir einen kleinen Supermarkt, der sich nicht an das Alkoholverbot hält. Der Besitzer hat zwar brav die offizielle Mitteilung aufgehängt, hält sich aber nicht daran und freut sich über jeden Kunden, der bei ihm Bier kauft – die Kunden wiederum freuen sich auch – es kann kein besseres Beispiel für eine Winwin-Situation geben.

Für einen Absacker kehren wir in unsere Stammkneipe zurück. Im vorderen Teil verfolgt der Seniorchef das Spiel der Türkei gegen die Tschechen. Sebastians Konversation mit ihm lässt mich an die Louis de Funès–Filme denken, sie beschränkt sich größtenteils auf die Ausrufe „Uhhhh", „Ahhhh" und „Ohhhh". Trotz des 2:0 Siegs schafft es die Türkei nicht ins Achtelfinale. Die BILD bringt das Kunststück fertig, auf ihrer Facebook-Seite „Türken raus" zu titeln... dies wird allerdings sehr schnell in „Türkei raus" umgewandelt.

Sightseeing und die Hitzeschlacht von Lyon

Leider neigt sich unsere Reise dem Ende entgegen. Gemächlich starten wir in den letzten Tag und beschließen, den Aufstieg zur Basilika und der ehemaligen römischen Siedlung in Angriff zu nehmen. Selbstverständlich werden wir den Berg, zu dem wir in den letzten Tagen so oft fasziniert hinaufgeblickt haben, nicht zu Fuß erklimmen. Die Seilbahn wird uns ans Ziel bringen. Ausgerüstet mit Ahler Worscht und gekühltem Bier (vom Händler unseres Vertrauens) treten wir den Ausflug an. Bei perfektem Sonnenschein wird uns schnell bewusst, dass wir ohne diese Fahrt Lyon nur zur Hälfte kennengelernt hätten. Im Schatten eines Baumes, umrandet von den Resten der Römersiedlung, genießen wir ein zweites Frühstück und den beeindruckenden Blick über die Stadt.
Leider wird das Ensemble der alten Ziegeldächer durch die Hochhäuser rund um den Bahnhof zerstört, hinter ihnen entdecken wir das EM-Stadion. Kaum zu glauben, dass es so weit außerhalb vor den Toren der Stadt liegt. Sebastian investiert einen Euro für den Fernglasautomaten, um der Sache näher auf den Grund zu gehen.
Bisher konnten wir die Basilika von unserer Wohnung oder aus verschiedenen Blickwinkeln

Lyons bewundern, im Inneren zeigt sie ihr wahres Gesicht. Ich habe selten eine Kirche gesehen, die aufwendiger gestaltet wurde. Nicht zu vergessen die Statue zu Ehren des Besuchs von Johannes Paul II. im Jahre 1986.

Die Pflicht ruft, mit der Seilbahn geht es zurück ins Tal und bald weiter auf der bekannten Route mit Metro und Bus zum Stadion. Unterwegs erhält Sebastian den Auftrag, einen Videobeitrag für eine Internetseite zu drehen. Er wird nach dem Spiel darüber referieren, warum sich die EM-Begeisterung seiner Meinung nach in Deutschland noch in Grenzen hält – ich werde als Kamerakind fungieren. Doch erst das Vergnügen, dann die Arbeit. Wobei das Vergnügen, rein körperlich betrachtet, ausbaufähig ist. Schon vor dem Anpfiff ist uns bewusst, dass wir der Sonne gnadenlos ausgesetzt sein werden. Meine Kappe und seine Sonnenbrille bewahren uns vor Schlimmerem.

Die Plätze im Block 126 sind unmittelbar vor dem VIP-Bereich gelegen. Für das Normalvolk ist die Versorgungslage jedoch katastrophal. Auf der kompletten Gegengerade gibt es keine Möglichkeit, sich Essen oder Getränke zu kaufen, lediglich auf der Seite hinter den Toren befinden sich ein fahrbarer Getränkestand und eine ebensolche Hotdog- und Sandwichbude. Das Personal ist völlig überfordert. Wertvolle Zeit geht beim Umfüllen von Softdrinks aus Plastikflaschen in Plastikbecher verloren. So bleibt uns nichts anderes übrig, als den Nationalhymnen wartend zwischen nach Plastik schmeckenden Hotdogs und Cola light zu lauschen. Die Situation gipfelt darin, trotz den mit 145,- EUR teuersten Eintrittskarten unserer Karriere den Anpfiff zu verpassen. Kann man nicht bei so einem Turnier darauf achten, dass die Leute was zu essen und zu trinken kaufen können, ohne Teile der Spiele zu verpassen? Die UEFA will doch Geld verdienen und zufriedene Kunden... Unsere Plastikbecher nutzen wir, um sie im Kampf gegen die Hitze einzusetzen, in der Pause zapfen wir uns Wasser in der Stadiontoilette. Am Ende werden wir feststellen, dass wir unsere Nieren, im Laufe des Tages, mit jeweils mehr als sechs Litern Flüssigkeiten aller Art versorgt haben.

Doch zum Wesentlichen. Das Spiel ist der Wahnsinn und an Spannung kaum zu überbieten. Bei quälender Hitze erleben wir das torreichste Spiel der Vorrunde und ein (ich muss es neidvoll anerkennen) atemberaubendes Ronaldo-Tor, mit der Hacke erzielt. Doch weder Sebastian noch ich hätten in dem Moment geglaubt, den kommenden Europameister zu sehen. Bei nur einem Tor weniger hätten sich die Portugiesen aus der EM verabschieden müssen, so spielen sie drei Mal unentschieden und qualifizieren sich als einer der besten Gruppendritten!

Nach dem Abpfiff kämpfen wir uns quer durch die den Shuttlebussen entgegenströmenden Fans, um eine gute Position für das Video zu finden. Stadion im Hintergrund, Sonne von der Seite. Nach einigen hundert Metern - Ordner und Polizei haben sich bestimmt schon gefragt, was diese zwei Typen da im

Schilde führen - finden wir einen guten Platz für unseren Dreh. Sebastian steckt ein Mikro an sein Handy und ich versuche, so wenig wie möglich zu wackeln, einer der ersten Versuche sitzt und der Beitrag ist im Kasten.

Unseren letzten Abend krönen wir mit einem Besuch im Flammkuchen-Lokal. Es ist Mittwoch Abend, der Laden hat geöffnet und ist brechend voll. Mitten im Getümmel sind noch zwei Plätze frei. Erschöpft setzen wir uns und sind überwältigt von den Flammkuchenvariationen. Zu unserer Freude gibt es auch das mittlerweile liebgewonnene Bier aus Straßburg. Ich stelle fest, dass das Leben ohne Flammkuchen mit Camembert weniger lebenswert ist und nehme diese kulinarische Anregung mit nach Hause.

Dann heißt es Abschied nehmen von Simons Wohnung mit dem beeindruckenden Ausblick über Lyon und auf die Basilika, von der alten Pfaff-Nähmaschine, den Stoffresten, dem Peugeot-Rennrad, dem Flohmarkt-Nippes, der Playboy-Ausgabe von 1983 und dem Instant-Kaffee.

Leider wird der Vormittag von technischen Schwierigkeiten überschattet, da es Sebastian erst am Bahnhof gelingt, das Video vom Vorabend per Handy an die Reaktion zu übermitteln. Die Frage, ob er ein Stativ dabeigehabt hätte, macht mich zugegebenermaßen stolz.

Schnell wird Sebastian vom Alltag eingeholt. Die Pflicht ruft. Wegen der britischen Abstimmung über den Verbleib in der EU entscheidet er sich, mich in

Basel zu verlassen und dort in den nächstbesten Zug nach Straßburg zu steigen.
So endet ein weiterer gemeinsamer Trip.

P.S.: Am Ende der EM war die anfängliche Terrorangst fast vergessen und ich konnte im Finale, von dem ich nur einige Minuten vom Sofa aus verfolgt habe, bei mir Sympathien für Portugal feststellen. Ich empfand es als ungerecht, dass Ronaldo bei seiner verletzungsbedingten Auswechslung ausgepfiffen wurde, und hielt die von den Isländern geklauten Anfeuerungen der Franzosen für lächerlich.
Nach dem Spiel der Portugiesen gegen die Ungarn hätten wir nicht im Traum daran gedacht, soeben den zukünftigen Europameister gesehen zu haben. Wenn Ronaldo & Co. nur ein Tor weniger erzielt hätten, wäre nach der Vorrunde Schluss gewesen. So ist es einem Gruppendritten gelungen, den EM-Titel zu ergattern. „Die Welt kompakt" eröffnet am Tag nach diesem denkwürdigen 3:3 mit der Schlagzeile „Hammer in Lyon" – dem ist nichts hinzuzufügen.

Die Eintrittskarten in ein neues Abenteuer

Los geht's mit dem Nachtzug von Kassel nach Basel

Blick aus dem rechten

und dem linken Wohnzimmerfenster.

Das erste EM-Tor für Albanien

Wenig los beim Public Viewing

Europaletten zur Seite geräumt = Bier im Verkauf

Bier im alten Stadion…

…und im neuen.

Das zusätzliche Sicherheitspersonal

Das Römische Theater

Die Basilika aus dem rechten Wohnzimmerfenster

Stadion aus der Ferne (zwischen den Hochhäusern)…

…und ganz nah.

Fotos:

Joachim Hesse

Cover- und Autorenfoto:

Sebastian Christ

Korrekturen:

Lars Jerrentrup

Christine Schneider